Voyage de

M. le Président

de la République

en Vendée

AVRIL 1897

LE
PRÉSIDENT DE LA RÉPUBLIQUE
EN VENDÉE

C'est le lundi de Pâques, 19 avril 1897, à 9 h. 40, que le Président de la République a quitté Paris par la gare Montparnasse pour se rendre en Vendée.

Il était accompagné jusqu'à la gare par le général Tournier, M. Le Gall, directeur de son cabinet, M. Blondel, chef de son secrétariat particulier, le colonel Menetrez, les commandants Serpette, Humbert, de Lagarenne.

Il a été salué, dans le salon d'honneur, par MM. Méline, président du conseil; Barthou, ministre de l'intérieur; Hanotaux, ministre des affaires étrangères; le général Billot, ministre de la guerre, et l'amiral Besnard, ministre de la marine.

Les honneurs de la gare ont été faits au chef de l'Etat par MM. Metzger, directeur, Dubois de l'Etang et Bouquet, membres du conseil du réseau; Polack, secrétaire de la direction; Beaugey, chef, et Fumey, sous-chef de l'exploitation; Desdouits, ingénieur en chef du matériel de la traction; Fouan, ingénieur en chef de la voie; Moisson, chef du mouvement, etc.

Le train présidentiel était composé de trois wagons de luxe en bois de teck, et de six voitures de la Compagnie des wagons-lits ou des chemins de fer de l'Etat, remorqués par deux locomotives du système Compound.

M. Félix Faure a invité à prendre place dans son salon MM. Méline et Barthou, qui partent avec lui; le général

A la Gare de Chantonnay.

Tournier, M. Le Gall, MM. les commandants Serpette, de Lagarenne et Humbert prennent également place dans le wagon présidentiel.

PREMIÈRE JOURNÉE
AVANT L'ARRIVÉE DU PRÉSIDENT

Il y a seulement une quinzaine d'années, un voyage présidentiel en Vendée à travers ce Bocage où tous les villages, toutes les fermes, tous les bouquets de bois évoquent le souvenir de la chouannerie, aurait pu présenter quelques inconvénients ; la lutte des blancs et des bleus, pour n'être plus meurtrière, n'en était pas moins vive. Cent ans après la guerre civile, les passions politiques agitaient encore ces populations demeurées dans le culte du passé et la foi de leurs ancêtres.

L'apaisement est donc assez récent, mais il est réel. Peu à peu, insensiblement, les Vendéens sont venus à la République, et ils l'acceptent maintenant sans réticences, sans arrière-pensée, en bons patriotes qu'ils sont. La visite de M. Félix Faure, sollicitée par les assemblées municipales et par tous les élus du département, sera la consécration éclatante de ce nouvel état d'esprit.

La Roche-sur-Yon. — M. le Président de la République se rendant à l'inauguration du monument de Paul Baudry.

La Roche-sur-Yon, que nous appelions dans notre enfance Napoléon-Vendée, s'apprête à faire au chef de l'Etat un accueil des plus chaleureux.

Ce matin, nous avons été réveillés au son des cloches de toutes les églises égrenant dans l'air leurs notes joyeuses ; c'est bien une fête carillonnée qui commence. Les populations rurales sont accourues de toutes parts pour y assister ; les rues, les places, les carrefours, pavoisés en abondance présentent la plus vive animation.

Le 93ᵉ de ligne, tambours et musique en tête, se rend à la gare pour rendre les honneurs au Président. Un escadron du 25ᵉ dragons, avec le colonel et l'étendard, est venu d'Angers pour escorter les voitures officielles.

ARRIVÉE DU PRÉSIDENT

Le cérémonial de l'arrivée du Président est immuable dans toutes les villes. Il se déroule avec la même solennité. Nous parlons surtout de la partie officielle du programme.

Voici une fois de plus l'ordre de la cérémonie : le train présidentiel entre en gare à dix heures précises.

Sur le quai, M. Félix Faure, le Ministre de l'Instruction publique et des Beaux-Arts, sont reçus par le distingué maire de la Roche, M. Guillemé, entouré par son conseil municipal. Remarqué également le général Brault, commandant le 11ᵉ corps d'armée, MM. Marchegay, Guillemet, Batiot, Deshayes, Paul Bourgeois, députés, de Béjarry, Halgan, sénateurs du département, Roujon, directeur des beaux-arts, Berger, député de la Seine, président du comité de la statue de Paul Baudry, qu'on inaugurera tantôt, etc.

La Roche-sur-Yon. — Monument de Paul Baudry, œuvre de M. J. Gérôme.

Le Président de la République, accompagné par MM. Méline, Barthou, Rambaud et par tous les personnages présents, ne fait que traverser le salon d'honneur et pénètre dans la cour où les troupes sont massées, tandis que le canon tonne. Il fait ouvrir le ban et décore le capitaine Laurent-Atthalin, du 93ᵉ. Il donne ensuite la médaille militaire à plusieurs gendarmes, puis il monte en voiture et se dirige vers la préfecture, où il va recevoir les autorités. Les pompiers, les sociétés de gymnastique, de secours mutuels, d'anciens militaires, sont échelonnés le long du trajet. Toutes les fenêtres, les balcons, sont garnis de curieux qui acclament chaleureusement M. Félix Faure.

A onze heures et demie commencent les réceptions officielles.

M. de Baudry d'Asson, député, y assiste, comme il l'avait annoncé.

M. Le Cler, président du conseil général, expose au Président les nombreux desiderata du département au sujet du dépôt de remonte, du réseau ferré à voie étroite, des hôpitaux, etc. Il lève ensuite son verre en l'honneur de M. le Président de la République.

M. Félix Faure se borne à remercier et à enregistrer l'unanimité du conseil général.

Quant aux questions dont la solution est liée à la prospérité du département, il les renvoie à la sollicitude du Gouvernement.

L'évêque de Luçon présente ensuite son clergé.

M. Félix Faure répond en « constatant, dit-il, avec joie que le clergé vendéen, dans l'accomplissement de sa sainte mission, s'inspire non seulement des vertus religieuses, mais encore des vertus patriotiques ».

Le Président adresse ensuite quelques mots aux officiers de la garnison.

INAUGURATION DU MONUMENT DE PAUL BAUDRY

Quirita. — Jument offerte à M. le Président de la République.

Le Président déjeune à la préfecture avec les ministres et quelques intimes. Il reçoit ensuite les maires et les instituteurs du département venus en très grand nombre, puis il se rend sur la place où se dresse le monument élevé par ses concitoyens à la mémoire du grand peintre Paul Baudry.

Le chef de l'Etat et les personnages de sa suite prennent place sur une estrade ornée de tentures de velours rehaussé d'or, autour de laquelle se rangent les membres du comité de la statue, M. Berger en tête, la délégation de l'Institut, composée de MM. Bouguereau, Hébert, Fremiet, Gérôme, auteur du monument, et tous les invités.

La population salue le Président en criant à plusieurs reprises : « Vive Félix Faure ! Vive la République ! » Une musique joue la *Marseillaise*. Le voile qui recouvre la statue tombe au milieu des applaudissements.

Paul Baudry est représenté debout, en veston d'atelier, la main droite dans sa poche, la gauche soutenue par son appui-main, qui ressemble à une queue de billard. Sur les épaules, le fameux dolman doublé de poils de chèvre qui le garantissait du froid lorsqu'il travaillait à l'Opéra, au haut des échafaudages.

Telle quelle, cette figure est loin de nous déplaire ; la physionomie du grand artiste est vivante, d'une ressemblance affirmée par tous ceux qui l'ont connu. Mais peut-être le monument, de proportion modeste, eût-il gagné à être placé dans un plus petit cadre ; il est encore diminué par les bâtiments qui l'entourent et comme écrasé.

On nous signale dans la tribune d'honneur la présence de Mme Paul Baudry, de ses deux fils et du docteur Guerrier, neveu du peintre.

Nantes. — Monument élevé à la mémoire des soldats morts pour la patrie.

MM. Bouguereau et Hébert; le maire de la Roche et le ministre de l'instruction publique, M. Rambaud, prennent tour à tour la parole. Le discours du ministre obtient un grand succès.

Les discours terminés, les sociétés civiles défilent devant le monument et le Président de la République, toujours acclamé, va visiter les haras.

VISITE AU HARAS

La Roche-sur-Yon possède un superbe haras, moins important que celui de Saint-Lô, mais d'où sortent néanmoins des produits estimés. Faire visiter cet établissement à M. Félix Faure, lui montrer un à un les étalons, les pouliches et les poulains qui sont ma foi de belles bêtes, c'était lui causer un réel plaisir. Nos hôtes n'ont pas manqué l'occasion. De la tribune qu'on avait élevée en son honneur et dans laquelle avaient pris place en dehors des personnages officiels un certain nombre de dames très élégantes, le Président de la République a suivi avec beaucoup d'attention le défilé des animaux primés dans le dernier concours régional.

Une agréable surprise lui était réservée : à un moment donné on lui a présenté une jolie pouliche de trois ans qui répond au nom de Quirita et que les éleveurs vendéens tiennent à lui offrir en souvenir de sa visite.

M. Félix Faure s'est montré très touché de cette attention; il a félicité MM. Tolin et Watrigant, directeur et sous-directeur du haras, puis il est remonté en voiture pour se rendre à l'hôpital.

Pendant cette visite, le Président a remis des médailles d'honneur aux sœurs Saint-Premice et Saint-Cornélius, qui comptent

Nantes. — Vase offert au Président de la République.

L'aviso *l'Elan* arrivant au Carnet.

plus de vingt-cinq ans passés au service des malades ; il a remis également les palmes académiques au docteur Fillon.

M. Félix Faure, avant de rentrer à la préfecture, visite la caserne d'infanterie. A sept heures et demie, il se rend au banquet que lui offre la ville.

LE BANQUET

C'est dans les salons de l'hôtel de ville que le banquet est servi. Deux cents couverts environ ; tables très bien décorées, menu excellent. Parmi les convives, tous les députés et sénateurs, compris MM. de Baudry d'Asson et Halgan, ainsi que l'évêque de la Roche, Mgr Catteau.

Au champagne, le maire, M. Guillemé, porte la santé de M. Félix Faure.

Dans une heureuse improvisation, le Président lui répond quelques mots, parmi lesquels ceux-ci :

Je sais, Monsieur le maire, qu'il y a ici des souvenirs, mais je sais aussi que si le Vendéen est réservé, il étudie, il cherche à se rendre compte, et je sais qu'on peut toujours compter sur son loyalisme, sur son patriotisme. *(Applaudissements répétés.)*

Feu d'artifice, illuminations, bal à la préfecture, tel est le programme de la soirée, et nous partons demain matin à sept heures pour Nantes, en emportant de la Roche, de sa municipalité et de ses habitants, un excellent souvenir.

Le yacht *le René* appartenant à M. Crouan.

DEUXIÈME JOURNÉE

A NANTES

Parti de la Roche à sept heures, le train présidentiel, après un court arrêt à Clisson, entre en gare de Nantes-État vers dix heures. Le temps s'est gâté, le vent souffle par rafales ; la journée s'annonce pluvieuse et froide.

Sur le quai, M. Etiennez, maire de Nantes, les conseillers municipaux et généraux, les députés et sénateurs de la région, Mgr Rouard, le général Brault, commandant le 11e corps, le préfet, M. Joucla-Peloux, des conseillers de préfecture, des officiers d'état-major, etc., etc. Avant de monter dans son landau, le Président décore les officiers et soldats nouvellement promus.

Au Carnet. — M. de Lareinty souhaitant la bienvenue à M. Félix Faure.

Le cortège se forme ensuite et traverse les fameux ponts de la Loire. Pendant le long trajet de la gare à la préfecture, une foule immense, qui se presse sur le passage du Président, ne cesse de pousser le cri de : « Vive Félix Faure ! Vive la République ! »

La ville tout entière est pavoisée ; les arcs de triomphe, les pylônes, les mâts chargés de trophées sont nombreux. L'enthousiasme des Nantais, malgré la pluie, est des plus vifs.

A la préfecture commencent immédiatement les réceptions officielles, qui se déroulent avec le cérémonial usité.

Mgr Rouard présente, au nom du clergé de son diocèse, ses hommages et ses vœux de bienvenue.

Le pasteur protestant, M. Audrap, rappelle qu'il y a trois cents ans que dans Nantes a été signé l'édit célèbre qui accordait aux protestants le droit d'adorer Dieu selon leur conscience.

> Cet acte, dit-il, contribua pour beaucoup à assurer au Béarnais la popularité exceptionnelle dont il jouit : tant il est vrai que les réformes morales sont celles dont les peuples conservent le plus long souvenir. Comme en ce domaine le progrès est infini et que les améliorations peuvent s'étendre au delà des limites de la mère-patrie, nous souhaitons, M. le Président, que de tels bienfaits illustrent votre Présidence.

> Mais, fait observer en souriant M. Félix Faure, vous savez bien que, sous le gouvernement de la République, les protestants jouissent d'une liberté complète, non seulement dans la France métropolitaine, mais encore dans toutes nos possessions d'outre-mer.

Les réceptions se terminent à midi. Le Président de la République offre un déjeuner intime à la préfecture.

LE MONUMENT COMMÉMORATIF

Au Carnet.

L'inauguration du monument commémoratif des combattants de 1870-71 morts pour la patrie constitue la principale cérémonie de la journée. Ce monument, élevé par souscription, se dresse à l'extrémité du cours Saint-Pierre et domine la place de la Duchesse-Anne.

Il est l'œuvre pour la partie principale d'un jeune sculpteur de talent, M. Georges Barrau, qui a obtenu aux Champs-Elysées le prix du Salon. Il se compose d'un groupe en bronze représentant un guerrier superbement campé tenant un glaive dans la main droite et soutenant un blessé.

L'ensemble s'élève vers le ciel avec vigueur. On a placé l'œuvre de M. Barrau sur un piédestal quadrangulaire contre lequel montent la garde des factionnaires de bronze, un fantassin, un artilleur, un mobile, un colonial.

La cérémonie commence à trois heures et demie par l'audition d'une cantate exécutée par le Choral nantais et la musique des pompiers.

Le Président de la République, très acclamé à son arrivée, se tient dans une tribune réservée avec les ministres, auxquels s'est joint l'amiral Besnard, que nous avons trouvé ici.

Une foule énorme couvre la place, mais elle disparaît sous les parapluies arborés de toutes parts, car la pluie n'a pas cessé depuis ce matin.

Le colonel Parfaite, président du comité, le maire de Nantes, M. Etiennez, et l'amiral Besnard, ministre de la marine, prononcent tour à tour des discours patriotiques très applaudis, puis le Président distribue un certain nombre de médailles d'honneur.

Avant de remonter en voiture pour aller visiter l'Hôtel-Dieu, il passe sur le front des sociétés civiles et des syndicats ouvriers, qui lui font une ovation prolongée.

A l'Hôtel-Dieu, le Président de la République remet la croix de la Légion d'honneur au docteur Heurteaux.

Les acclamations dont le Président et les ministres sont salués en rentrant à la préfecture ont une

Au Carnet.

intensité particulière. On crie au passage de chacune des voitures : « Vive Félix Faure ! Vive Méline ! Vive Barthou ! Vive les ministres ! » Sur certains points des ovations enthousiastes sont faites aux membres du cabinet.

A 7 h. 1/2, M. Félix Faure quitte de nouveau la préfecture pour se rendre au théâtre de la Renaissance, où un grand banquet lui est offert par la municipalité.

LE BANQUET

Au Carnet.

Le banquet traditionnel offert au Président de la République est servi au théâtre de la Renaissance, dont l'immense vaisseau peut contenir jusqu'à huit cents convives. Au dessert, le maire de Nantes porte la santé du chef de l'Etat. Il profite naturellement de l'occasion pour exposer les réclamations de ses concitoyens et la question de la Loire navigable qui passionne tous les Nantais.

M. Félix Faure répond pour rassurer nos hôtes et leur garantir la sollicitude des pouvoirs publics.

On lira plus loin son éloquent discours, qui a été fort applaudi.

A l'issue du banquet, M. Félix Faure assistait, au théâtre Graslin, à une représentation de gala composée d'un acte des *Huguenots*, d'un acte de *Guillaume Tell* et d'un acte d'*Evangéline*, de Xavier Leroux. *Evangéline*, qui a été jouée déjà à l'étranger, a été donnée hier pour la première fois en France au théâtre Graslin.

A l'arrivée et au départ du Président de la République, l'orchestre a joué la *Marseillaise*.

M. Félix Faure est rentré à minuit à la préfecture, après avoir fait remettre au maire, par M. Le Gall, mille francs pour le bureau de bienfaisance de Nantes.

A Saint-Nazaire.

TROISIÈME JOURNÉE

Couchés à minuit, levés à cinq heures, ceux qui accompagnent le Président de la République, ministres, officiers, journalistes, ont ce matin la figure blême, les yeux battus des gens qui n'ont pas suffisamment dormi. M. Félix Faure, frais et dispos, paraît surpris de la mauvaise mine générale. Nous admirons sa sérénité et celle de M. Le Gall, qu'une longue expérience a rompu à cet exercice.

La journée qui commence se passera en voyage. Nous allons descendre la Loire et le canal maritime jusqu'à Saint-Nazaire. Les arrêts seront fréquents mais courts.

Sept heures. Le Président quitte la préfecture pour aller s'embarquer sur l'*Elan*. Il pleut; malgré cela une foule énorme fait la haie sur le passage du cortège ; cris de : « Vive Félix Faure ! Vive la République ! » Les ministres sont également très acclamés, le canon tonne, les sirènes des bateaux hululent. L'*Elan* quitte le quai de la Fosse et se met en route suivi d'une véritable flottille de bateaux chargés de curieux, parmi lesquels nous admirons le joli yacht *René* appartenant à M. Crouan. Il salue en passant Trentemoult et Chantenay, très pavoisés.

Saint-Nazaire. — Paludiers.

Huit heures. Nous passons devant Indret, le grand établissement métallurgique de la marine où se fabriquent ses chaudières. Le Président s'arrête une demi-heure.

Neuf heures. La Martinière. Nous entrons dans le canal latéral à la Loire qui commence ici pour se terminer au Carnet. La pluie ne cesse pas ; l'horizon élargi reste noyé dans une brume d'eau qui donne au paysage une grande tristesse. On se croirait en Hollande.

Dix heures quarante-cinq, arrivée au Carnet.

Sur l'île déserte s'élève par les soins de la chambre de commerce une tente spacieuse, où le couvert est dressé pour le déjeuner offert au Président. C'est une occasion pour les Nantais de lui soumettre une dernière fois leurs revendications légitimes.

Au dessert, le Président de la chambre de commerce rappelle, comme il l'a déjà fait aux inaugurations précédentes, les progrès réalisés par Nantes, et, grâce au canal, Nantes peut maintenant recevoir des navires d'un tirant d'eau supérieur à cinq mètres, alors que précédemment elle était inaccessible aux navires de fortes dimensions.

En concluant, M. Rivron demande l'amélioration de la Loire fluviale qui doit faire partie d'un programme national.

Le Président de la République répond avec son autorité habituelle :

A Saint-Nazaire. — Guérandais.

J'ai en effet suivi avec intérêt, depuis 1893, les progrès de cette voie, à l'exécution de laquelle j'avais participé comme député. J'ai constaté que vous recevez aujourd'hui fréquemment des navires de 3.000 tonneaux.

L'intérêt que le Président de la République porte à ces questions ne vous étonnera pas de la part d'un homme qui a vécu dans le monde commercial maritime et a siégé dans une assemblée comme la vôtre. C'est en raison de cette origine, de ces souvenirs qui me sont chers, que je m'associe aux vœux que vous faites pour la ville de Nantes.

Je lève mon verre à la prospérité et au développement du commerce nantais.

Le Président remet ensuite la croix de la Légion d'honneur à M. Cosse, raffineur, membre de la chambre de commerce.

A SAINT-NAZAIRE

Les membres de la chambre de commerce de Nantes prennent congé, au Carnet, du Président de la République.

M. Félix Faure poursuit sur l'*Elan* sa descente de la Loire. Il s'arrête quelques instants à Paimbœuf, où le conseil municipal lui est présenté par M. de Juigné, député conservateur de la circonscription. L'accueil très chaleureux que fait au Président la population de Paimbœuf et des environs est particulièrement remarqué.

Le Président arrive à trois heures à Saint-Nazaire.

A Saint-Nazaire. — Paludiers du bourg de Batz.

La pluie a cessé. La foule couvre les quais ; toutes les maisons sont pavoisées, ainsi que les navires en ce moment dans les bassins et en rade. On aperçoit le *Dupuy-de-Lôme*, sur lequel le chef de l'Etat passera la nuit, ainsi que le *Jemmapes* et le *Bouvines*, qui l'escorteront demain jusqu'aux Sables-d'Olonne.

A bord du *Bouvines*. — M. Barthou, ministre de l'Intérieur, et M. le Commandant Poidloue.

M. Félix Faure traverse en voiture une partie de la ville et se fait montrer les travaux du nouveau port. On sait que Saint-Nazaire veut donner à ses bassins un accès direct sur l'Océan, afin que les navires ne soient plus obligés d'évoluer en Loire pour entrer dans le port, comme ils le font actuellement, non sans inconvénients.

Le Président reçoit les autorités à la sous-préfecture, se rend à l'hôpital, puis il assiste au défilé des sociétés et des enfants des écoles. Cette dernière cérémonie est rendue très pittoresque par la présence des habitants de Guérande et du bourg de Batz, en grand costume de cérémonie. Les femmes avec leurs robes de brocart jaune, le corsage de velours bordé de dentelles, ressemblent à des infantes du temps de Philippe II.

Les hommes portent des braies, des justaucorps et d'immenses chapeaux de feutre qui rappellent les alguazils de la Plaza de Toros.

L'origine espagnole des Guérandais s'affirme encore dans leur physionomie brune, dans leur petite taille et dans leur vivacité.

Ils exploitent les marais salants. Leur industrie subit une crise et à ce sujet ils remettent au Président et aux ministres une pétition pour obtenir un dégrèvement d'impôts.

Pendant le défilé des sociétés, M. Berger, député, a présenté les ouvriers des forges de Trignac à M. Félix Faure, qui leur a remis quelques médailles d'honneur.

Le Président, au cours de sa visite aux chantiers, a laissé 500 francs pour les ouvriers sans travail.

LE BANQUET

Au banquet, le maire, dans son toast, fait l'historique de la transformation depuis cinquante ans de la ville de Saint-Nazaire et il traite la question de nouveaux ports.

M. Félix Faure, dans sa réponse, rend hommage aux efforts faits par la ville pour se mettre à la hauteur des progrès maritimes.

M. le Président rappelle sa visite de l'après-midi aux chantiers et fait connaître que le port de Saint-Nazaire peut être sûr dès à présent que dans le programme du gouvernement une partie des constructions maritimes lui est réservée.

Cette déclaration est accueillie par de chaleureux applaudissements.

M. Félix Faure termine en buvant au patriotisme de la ville de Saint-Nazaire.

* * *

Le Président couche ce soir à bord du cuirassé *Dupuy-de-Lôme*.

La deuxième division de l'escadre du Nord, que commande le contre-amiral de Courtilhe, l'accompagnera jusqu'aux Sables-d'Olonne, où il n'arrivera que demain dans l'après-midi.

Nous prenons passage sur le *Canada* de la Compagnie transatlantique. Jusqu'au départ du Président, les manifestations des habitants de Saint-Nazaire ne cessent pas. La ville, dont les brillantes illuminations se reflètent dans la mer, offre un aspect vraiment féerique.

A bord du *Bouvines*.

QUATRIÈME JOURNÉE

La grande majorité des reporters qui accompagnent le Président partage le plaisir qu'il éprouve à couper les étapes du voyage par quelques promenades en mer.

Pour notre part, nous trouvons qu'après avoir pataugé pendant plusieurs jours dans la boue des grandes villes, rien n'est exquis comme de se promener en chaussons de feutre sur le pont d'un beau navire où tout est préparé à souhait pour vous recevoir.

Le *Canada*, de la Compagnie transatlantique, ne laisse rien à désirer comme confort. Le représentant de la Compagnie, Halphon, et le commandant Geffroy nous font les honneurs du bord et nous comblent vraiment de prévenances. Dans ces conditions, notre première traversée s'effectue pour le mieux.

A bord du *Bouvines*.

Nous appareillons à cinq heures du matin en même temps que l'escadre, qui marche en ligne de file, le *Bouvines* en tête. La mer est superbe. Une brise fraîche couronne les lames d'un ourlet blanc qui s'éparpille en poussière d'eau, mais notre navire ne danse pas et personne n'est malade, contrairement aux prévisions de ceux qui n'ont pas eu le courage de nous suivre.

Le soleil dissipe peu à peu la brume matinale. Il resplendit bientôt dans un ciel sans nuage. Nous avons toutes les chances. A midi, nous arrivons devant les Sables-d'Olonne où le remorqueur des ponts et chaussées nous débarque immédiatement.

Le Président de la République ne descendra à terre qu'à trois heures.

Après avoir déjeuné sur le *Dupuy-de-Lôme*, il se rend à bord du *Bouvines*, où sont réunis les officiers des bâtiments de la deuxième division que lui présente l'amiral de Courtilhe.

Pendant la réception du *Bouvines*, le Président de la République remet la croix de la Légion d'honneur à MM. Estienne, lieutenant de vaisseau ; Vieil, premier maître ; Leoste, lieutenant de vaisseau ; Hardy, pilote.

La médaille militaire au maître de timonerie Dault.

Le commandant Poidloue, le très distingué chef d'état-major de la 2ᵉ division de l'escadre du Nord, reçoit les palmes académiques, ainsi que le lieutenant de vaisseau Jourdan, commandant de l'*Elan*.

AUX SABLES-D'OLONNE

En quittant le *Bouvines*, le Président de la République et les ministres se dirigent vers l'entrée du port, masquée par des bateaux de pêche pavoisés. L'immense plage des Sables-d'Olonne et les quais du bassin sont couverts par la foule, une foule remuante, gaie, bariolée, pittoresque, où les jolis costumes vendéens mêlent leurs couleurs éclatantes. On connaît la désinvolture des Sablaises, leur jupon court, leurs patins claquant du talon. Quatorze d'entre elles, en tenue de gala, ont été envoyées dans un canot au-devant de M. Félix Faure, les mains pleines de fleurs, hommage gracieux qui donne à la réception enthousiaste de la population son véritable caractère.

A l'estacade, le Président est reçu par le maire, M. Gautret, le préfet maritime de Rochefort, amiral Prouhet, le sous-préfet des Sables-d'Olonne, M. Le Segretain, le préfet, les députés, les sénateurs de la Vendée, l'abbé du Botneau, archiprêtre, etc.

Pendant que la foule crie : « Vive Félix Faure ! Vive Barthou ! Vive la République ! », que le canon tonne, que la *Marseillaise* résonne, le Président remet les palmes académiques au maire, la médaille militaire au gardien du sémaphore Roux et un certain nombre de médailles d'honneur à de vieux pilotes. Puis toujours acclamé, le chef de l'Etat monte en voiture pour aller visiter la forêt de la Rudelière. Il se rendra ensuite à l'hôpital.

LE BAL DES SABLAISES

Un joli numéro du programme de la journée, c'est le bal des Sablaises, donné en plein air place de la Liberté, sous les yeux du Président. Il obtient un véritable succès auprès des invités et de la foule des curieux que ce spectacle original a réunis.

Quand M. Félix Faure monte sur l'estrade d'honneur

A bord du *Bouvines*. — La remise des décorations.

Aux Sables-d'Olonne.
Débarquement
des invités.

élevée à l'extrémité de la place, une immense acclamation de : « Vive le Président ! » retentit et se prolonge pendant plusieurs minutes ; M. Barthou et l'amiral Besnard, qui viennent s'asseoir à ses côtés, sont également très applaudis.

Un orchestre joue alors les premières mesures d'un quadrille. Le bal commence et prend bientôt une animation extraordinaire. Sablais et Sablaises s'en donnent à cœur joie. Par malheur, leur danse ressemble à celle de tout le monde et ne présente aucun caractère local. Les traditions à cet égard sont perdues ; c'est grand dommage.

Une des danseuses, Mlle Beaugy, prix de beauté des Sables-d'Olonne, adresse un petit discours à M. Félix Faure. Elle dit, entre autres choses, que les marins n'ont pas oublié les preuves de sollicitude dont ils ont été l'objet de la part du Président de la République et qu'ils l'en remercient.

Le Président la félicite galamment de son succès et l'invite à recommander à ses compagnes de conserver toujours le joli costume de la Sablaise.

C'est aux Sables-d'Olonne que M. Barthou a fait, il y a quelques années, comme ministre des travaux publics, son premier voyage officiel pour inaugurer le havre de la Gachère. Aussi le ministre est-il très applaudi.

LA SOIRÉE

Après une promenade dans le quartier Le Chaume, où habitent en grande partie les pêcheurs des Sables-d'Olonne, le Président de la République assiste au banquet que lui offre la municipalité dans les salons du Grand-Hôtel.

Au dessert, le maire prononce un discours très habile dans lequel il énumère les besoins de ses concitoyens et termine ainsi :

Au nom du conseil municipal, au nom de la ville des Sables-d'Olonne,

Aux Sables-d'Olonne.

je lève mon verre, messieurs, au chef de l'Etat, à celui qui représente notre pays, à monsieur Félix Faure, dont le voyage à travers notre France aux côtés de Sa Majesté le tsar doit rassurer les moins crédules et laisser entrevoir, dans un avenir prochain, une paix féconde que rien ne pourra compromettre.

Aux Sables-d'Olonne.
Le bal des Sablaises.

Le Président de la République répond point par point au discours qu'il vient d'écouter, puis il boit à la prospérité de ses hôtes et se retire au milieu des vivats.

M. Félix Faure s'embarque à neuf heures pour regagner l'escadre. Il partira dans la nuit pour l'île d'Aix et Rochefort.

Nous reprenons la mer de notre côté pendant que montent dans l'air les fusées du feu d'artifice.

CINQUIÈME JOURNÉE

Ce matin nous nous trouvons en rade de l'île d'Aix, devant Oléron, où le *Dupuy-de-Lôme* et toute l'escadre ont mouillé dans la nuit ; il est cinq heures, le soleil se lève, mais nous l'avons devancé. Un petit vapeur est là qui nous fait remonter la Charente jusqu'à Rochefort, où nous précédons le Président de la République.

A ROCHEFORT

Nous ne sommes pas fâchés d'avoir pris les devants, cela nous permet de jeter un coup d'œil sur les préparatifs de la réception officielle.

Dans l'arsenal, où nous débarquons, les troupes d'infanterie de marine et les fusiliers marins attendent déjà l'arme au pied.

M. Félix Faure a quitté le *Dupuy-de-Lôme* pour remonter

Aux Sables-d'Olonne. — Le bal des Sablaises.

Aux Sables-d'Olonne.

la Charente avec l'*Elan*. Il est neuf heures lorsque le chef de l'Etat, accompagné des ministres et de sa suite, arrive au ponton orné de tentures et de drapeaux qu'on leur a préparé. Le canon tonne sans relâche, les troupes présentent les armes, les musiques jouent la *Marseillaise*. Les vaisseaux tirent le canon et les marins à la bande poussent les sept cris prescrits de : « Vive la République ! »

Les autorités ayant rang individuel sont groupées sur le ponton pour recevoir le Président de la République. Les sénateurs et députés de la Charente-Inférieure sont là, à l'exception de M. Combes, qui s'est excusé, de M. le comte Lemercier, que nous trouverons demain à Saintes, et de M. Dufaure, qui vient d'être frappé par un deuil.

Le Président de la République monte en landau et fait le tour d'un quartier de la ville. Il reçoit ensuite les autorités à la préfecture maritime.

La croix de chevalier de la Légion d'honneur est donnée à M. Legros, conseiller municipal.

Rien à signaler dans les discours prononcés. L'archiprêtre dit que le clergé de Rochefort ne sépare point la cause de la religion de celle de la patrie et qu'il prie Dieu de répandre ses bénédictions sur la personne de son digne et sympathique Président.

A midi, déjeuner intime à la préfecture.

Après le déjeuner, le Président de la République visite l'arsenal et examine avec attention l'éclaireur d'escadre le *Lavoisier*, mis à l'eau le 17 avril dernier.

De l'arsenal, M. Félix Faure se rend successivement à l'hôpital civil, à l'hôpital militaire et à l'école de dressage.

A l'hôpital civil, il voit une femme de trente ans, Mme Suc, née à Rochefort, qui est tombée en léthargie le 31 décembre dernier. Mme Suc se réveille péniblement tous les quatre ou cinq jours pendant deux

L'aiguillage du train présidentiel.

ou trois minutes pour prendre quelque nourriture et se rendort immédiatement après ; la catalepsie est à ce point complète que l'on peut donner à ses membres la position que l'on désire.

L'Ecole de dressage de Rochefort a surtout pour objet de recevoir moyennant finances des chevaux des éleveurs, de les dresser en vue de la vente, soit aux haras, soit à la remonte, soit au commerce. M. Félix Faure la visite et assiste au défilé des pouliches et des poulains primés au dernier concours.

Rochefort. — A la préfecture maritime.

LE BANQUET

Rochefort étant une préfecture maritime, le banquet officiel y prend une certaine importance.

Autour du Président de la République et des ministres s'assoient l'amiral Prouhet, le général Varaigne, commandant le 18e corps d'armée, le général Frey, de l'infanterie de marine, les députés et sénateurs de la région, MM. Braud, maire, Froge, adjoint, tous les membres du conseil municipal, parmi lesquels MM. Jaumier et Lenglet, le commandant Crave, major du 3e régiment de marsouins, décoré ce matin, etc., etc.

Le discours du maire est, comme ailleurs, d'intérêt local. Les Rochefortais réclament des usines de conserves alimentaires pour les troupes, l'approfondissement de la Charente et l'armement ou le désarmement des navires de l'Etat.

Cette tendance des villes que nous visitons à demander directement au chef de l'Etat des faveurs qui dépendent du gouvernement et des Chambres est caractéristique, c'est une nouveauté qui a son importance politique.

Elle prouve la confiance du pays dans la sollicitude éveillée du Président pour tout ce qui concerne les véritables intérêts de l'Etat ; elle démontre le besoin de stabilité que tout le monde ressent dans la direction de nos affaires intérieures ou extérieures. Radicaux ou républicains modérés, les conseils municipaux n'hésitent pas à s'adresser au Président pour ces deux raisons péremptoires.

A Rochefort.

LA SOIRÉE

Un feu d'artifice a été tiré, après le banquet, sur le cours Roybry.

Un accident a failli se produire. Des chevaux de l'escorte, effrayés par les détonations, ont pris peur et se sont jetés sur la foule ; plusieurs personnes ont été renversées ; mais aucune, heureusement, n'a été blessée.

M. Félix Faure a donné immédiatement l'ordre d'éloigner tous les chevaux de l'escorte.

Le Président a regagné son train à la gare de l'Arsenal ; il y passera la nuit, ainsi que les personnes officielles qui l'accompagnent.

On sait, en effet, que l'ancienne préfecture a été brûlée il y a deux ans, et l'aménagement des locaux de la nouvelle préfecture n'est pas complètement terminé.

SIXIÈME JOURNÉE

Rochefort. — Visite à l'Arsenal.

Nous quittons Rochefort ce matin, à huit heures, pour nous rendre à Saintes, où nous passerons la plus grande partie de la journée. Le beau temps continue et le paysage que nous traversons déroule sous nos yeux une série de tableaux verdoyants et fleuris ; ce coin de Saintonge est vraiment délicieux.

A SAINTES

A Saintes, belle réception ; nous trouvons à la gare M. Turrel, ministre des travaux publics, qui se joint au cortège.

Le maire, M. le comte Lemercier, souhaite la bienvenue au chef de l'Etat au milieu du branle-bas habituel des troupes, du canon, des musiques.

M. Félix Faure passe dans la cour extérieure pour distribuer des médailles d'honneur aux employés et ouvriers du chemin de fer que lui présente M. Metzger, directeur, et donner en même temps la médaille militaire à l'adjudant Lefebvre, du 6ᵉ de ligne, puis le Président monte en voiture, le cortège se rend à la sous-préfecture après avoir franchi la Charente et parcouru le cours National, une superbe avenue plantée d'ormeaux séculaires ; la population tout entière et les curieux accourus des environs forment une haie compacte sur les trottoirs ou se pressent aux balcons et fenêtres des maisons, égayées de drapeaux et de tentures tricolores.

L'accueil fait au Président et aux ministres déborde

Rochefort. — Devant l'hôpital.

d'enthousiasme ; les acclamations vibrantes retentissent et ne cessent pas durant tout le trajet. Un aimable conseiller municipal, notre voisin de voiture, nous explique que tous les Saintais sont unis dans le même sentiment de sympathie respectueuse pour le chef de l'Etat. Il ajoute, non sans malice, que de telles visites ne sont pas fréquentes ici. Avant M. Félix Faure, un autre Président de la République y était cependant venu ; c'est le prince Louis-Napoléon, alors qu'il n'était pas encore Napoléon III. La réception des autorités à la sous-préfecture s'accomplit sans incident notable. Le Président va ensuite assister à une séance solennelle du congrès mutualiste réuni à Saintes depuis quelques jours.

Rochefort. — A l'école de dressage.

Le congrès mutualiste de Saintes siège trois jours. Il a formulé un certain nombre de vœux tendant à la modification de la loi sur les sociétés de secours mutuels ; il se compose de 160 délégués environ représentant près de cent mille mutualistes.

Le président du congrès, en remerciant M. Félix Faure de sa visite, dit que c'est la première fois que le chef de l'Etat assiste à un congrès de ce genre.

Permettez-moi de dire, répond le Président, que, si c'est la première fois que le chef de l'Etat assiste à un congrès de mutualistes, M. Félix Faure a, lui, pris part à de nombreux congrès. Il en a conservé le meilleur souvenir et il ne pouvait passer à Saintes sans venir au milieu de vous. Je vous prie d'être mon interprète auprès des mutualistes et de leur transmettre l'expression de toute ma sympathie, de toute mon affection.

L'assistance applaudit et le Président attache sur la poitrine de M. Laurent, président du congrès, la croix de chevalier de la Légion d'honneur.

M. Laurent fait connaître la liste des récompenses, car le congrès est doublé d'un concours des meilleurs mémoires sur les questions de mutualité. Il annonce en outre que M. Félix Faure a décidé d'accorder un prix spécial.

De la salle du congrès, on

Sur le passage du Président de la République.

passe dans la salle où se tient l'assemblée annuelle des voyageurs de commerce.

Répondant au discours du président de la réunion, qui avait rappelé les paroles de Gambetta : « Les voyageurs de commerce sont aussi les voyageurs de la République », M. Félix Faure dit :

> Je sais que dans leurs parcours les voyageurs de commerce ne bornent pas leur action à l'accomplissement de leurs devoirs professionnels ; ils envisagent aussi leur tâche au point de vue le plus noble et le plus élevé du citoyen ; ils se sont faits dans ce dernier quart de siècle les agents d'un patriotisme éclairé ; veuillez affirmer aux travailleurs avec lesquels vous êtes en relations que le Président de la République n'a pas oublié ses origines et qu'il est de cœur avec eux.

Saintes. — Crypte de Saint-Eutrope.

Le Président de la République inaugure ensuite le nouvel hôtel de la caisse d'épargne et visite l'hôpital.

Entre temps, il donne des médailles d'honneur à de vieux ouvriers. L'un d'eux, âgé de 84 ans, est depuis 60 ans dans la même maison.

Je vous remercie, dit-il à M. Félix Faure, et je souhaite que vous arriviez à mon âge.

LE BANQUET

Après avoir visité l'hôpital, le Président de la République et les ministres se rendent au banquet organisé en leur honneur. Dans le vaste et clair atelier où d'ordinaire travaillent les peintres en voitures des chemins de fer de l'Etat, on a dressé six cents couverts au milieu de massifs de verdure, de trophées de drapeaux et de bouquets ; la table d'honneur tout enguirlandée de feuillage porte en lettres dorées : « Hommage à Félix Faure ». On nous montre également une superbe corbeille de fleurs apportée par les délégués de l'Association des voyageurs et représentants du commerce du Sud-Ouest, et destinée à Mme Félix Faure.

Un autre détail intéressant : le banquet est donné par souscription ; à part les invités, tout le monde a payé son écot.

A la fin du banquet, c'est le maire qui a pris la parole au dessert pour porter la santé du chef de l'Etat. Puis M. Félix Faure s'est levé et a prononcé un éloquent discours, dont on trouvera plus loin le texte et qui a été à chaque instant souligné par les applaudissements des convives.

Le Président de la République quitte Saintes à trois heures après-midi pour arriver à cinq heures à La Rochelle.

A LA ROCHELLE

Saintes. — Arc romain.

Nous voici à La Rochelle, où nous devons séjourner jusqu'à mardi. La seule perspective de passer deux nuits dans le même lit nous met en joie et cependant nous ne pouvons nous empêcher, en approchant de cette ville si curieuse, si pittoresque, de faire un retour mélancolique sur le passé et de nous souvenir que nous y sommes venus, il y a sept ans, avec le Président Carnot, qui y fit une entrée solennelle. Nous y retrouvons les mêmes rues mouvementées, les mêmes décorations originales et çà et là les mêmes drapeaux. Nous sommes heureux d'ajouter que nous y constatons aussi le même enthousiasme patriotique, la même affluence de bons citoyens.

En descendant de wagon, le Président est reçu par MM. d'Orbigny, maire, entouré de son conseil ; Bossu, secrétaire général ; Batcave, secrétaire particulier du préfet ; les membres du conseil général, etc.

M. d'Orbigny souhaite la bienvenue en termes heureux et assure à M. Félix Faure, qui a su tenir sa promesse, que toute la population est massée sur tout le parcours pour l'acclamer ; le Président remercie. Immédiatement après, dans la cour de la gare, il remet la croix de commandeur au général Chedeville, commandant la 69e brigade, et deux médailles militaires aux adjudants Cavel, de l'artillerie, et Beniveau, du 123e.

Le cortège se forme et se dirige aussitôt vers la préfecture, où vont avoir lieu les réceptions officielles.

Sur notre passage, toutes les maisons sont pavoisées et décorées avec un goût exquis.

A noter particulièrement l'hôtel de ville, dont l'ornementation résume l'histoire de la vieille cité rochelaise. Sur le chemin de ronde de ce monument flottent en effet tous les étendards des anciens maires au milieu desquels se détache le drapeau noir du fameux siège de 1628.

La population fait à M. Félix Faure un accueil des plus flatteurs. Les cris de : « Vive le Président ! Vive la République ! » éclatent de tous les côtés à la fois ; et je vous assure que les Rochelais ont de vigoureux poumons.

A la préfecture, les autorités sont déjà réunies pour défiler suivant les rites protocolaires devant le chef de l'Etat. C'est une partie du programme sur laquelle nous sommes tout particulièrement blasés. Nous y assistons néanmoins pour noter quelques récompenses.

M. d'Orbigny, maire et président de la chambre de commerce, est fait chevalier de la Légion d'honneur ; M. Mabille, adjoint, officier de l'instruction publique, et un de nos confrères de la presse locale, M. Labalette, officier d'Académie.

La Rochelle.

Le Président de la République dîne à la préfecture avec les ministres et quelques intimes.

Le programme de la soirée, en outre des réjouissances ordinaires, comporte un bal à l'hôtel de ville, où M. Félix Faure se montre pendant quelques instants avant d'aller prendre un repos bien gagné.

SEPTIÈME JOURNÉE

La Rochelle. — Tour de la Grosse-Horloge.

Avec un courage et une persévérance que rien ne lasse, M. Félix Faure remplit ce matin, comme les jours précédents, la mission charitable qu'il s'est imposée de visiter tous les hôpitaux de France. La Rochelle en compte deux, l'hôpital militaire fondé par un riche particulier, M. Auffredi, qui lui a donné son nom, et l'hôpital civil.

C'est au premier, le plus rapproché, que le Président se rend d'abord en quittant la préfecture. Nous l'apercevons au moment où il monte en voiture. Il se porte à merveille et il sourit en constatant que son entourage est également reposé par la bonne nuit qu'il vient de passer.

Il songe que nous reprendrons la mer tout à l'heure pour nous rendre à l'île de Ré et au port de La Pallice ; cela le réjouit visiblement, nous aussi par d'ailleurs.

L'aumônier de l'hôpital, l'abbé Blanchard, qui a été aumônier des mobiles de la Charente en 1870, offre une gerbe de fleurs artificielles d'une finesse d'exécution étonnante ; ces fleurs sont faites exclusivement à l'aide de coquillages et d'écailles de poissons et leur coloris est inaltérable. La méthode de préparation de l'abbé Blanchard est un secret que seul possède à l'heure actuelle Léon XIII. L'abbé Blanchard doit laisser ce secret dans son testament aux ouvriers de La Rochelle.

Le programme de la journée indique notre départ à midi. Le banquet offert par la ville au Président de la République commence, pour cette raison, un peu avant onze heures ; il est servi au Casino du Mail, en face de la mer naturellement.

Trois cents convives environ ; menu exquis et presque pas de discours, car on est un peu pressé. On se rattrapera ce soir au banquet du conseil général. A midi et demi, le Président arrive à bord de l'*Elan*, qui est accosté près de la vieille tour de la Chaîne.

Le Président Carnot a fait en 1890 la même

La Rochelle. — Tour des Quatre-Sergents.

excursion, mais de Saint-Martin-de-Ré il s'était rendu à Ars et au phare des Baleines.

Cette fois, nous allons aller du côté opposé, à la Flotte, Sainte-Marie, Rivedoux, d'où nous reviendrons à La Pallice.

L'ILE DE RÉ

Nous embarquons sur l'*Archimède*, le bateau des ponts et chaussées, où nous sommes reçus par un très distingué fonctionnaire, M. Perreau. L'*Elan*, sur lequel flotte le pavillon présidentiel, nous précède ; nous sortons du port assez rapidement et nous arrivons au large où nous retrouvons l'escadre qui rend au chef de l'Etat les honneurs réglementaires. Le canon tonne, les matelots poussent, rangés dans les haubans, le cri de : « Vive la République ! »

A Saint-Martin-de-Ré.

Le soleil éclaire ce tableau mouvementé, car il fait un peu de houle. Notre *Archimède* roule légèrement et quelques-uns de nos camarades paraissent inquiets. L'un d'eux cherchant un endroit écarté finit par s'écrier : *Eureka !* et il s'échoue en arrivant au port.

Saint-Martin-de-Ré, où nous débarquons, est une charmante petite ville, chef-lieu de canton de la Charente-Inférieure.

La population tout entière est massée sur les quais pour faire au Président un accueil enthousiaste.

C'est à Saint-Martin, derrière les remparts construits par Vauban, que se trouve, enclavé dans une caserne, le dépôt des condamnés aux travaux forcés destinés à la Guyane ou à la Nouvelle-Calédonie.

M. Félix Faure remet la croix de chevalier de la Légion d'honneur au capitaine Darrodes, du 123e de ligne, puis il se rend à pied au théâtre pour recevoir les autorités.

Le théâtre de Saint-Martin-de-Ré est minuscule. La scène est remplie de fleurs et d'arbustes avec jet d'eau au centre. C'est au parterre, débarrassé de ses fauteuils, que défilent les autorités.

Un champagne d'honneur est ensuite servi.

A la sortie du théâtre, le Président monte en landau et, escorté par un demi-peloton de dragons venu pour la circonstance de Libourne, il franchit rapidement les quatre kilomètres qui séparent Saint-Martin de la Flotte.

A la Flotte, à Sainte-Marie, à Rivedoux, M. Félix Faure est l'objet d'ovations et de manifestations répétées. C'est dans cette dernière localité qu'il reprend la mer pour se rendre à La Pallice, le port que le Président Carnot a inauguré en 1890.

En arrivant aux appontements où l'attendent les autorités et la municipalité de La Rochelle, le Président donne une médaille d'honneur de 2e classe à M. Favreau, sous-chef de gare, pour sa brillante conduite pendant un naufrage survenu, dans les environs, au mois de septembre dernier.

De La Pallice à La Rochelle, nous traversons en voiture Laleu, Saint-Maurice, Lagenette, au milieu des populations qui crient : « Vive Félix Faure ! Vive la République ! »

Les cérémonies ne sont pas terminées. Avant le banquet, le Président visite encore la Bourse où les membres de la chambre de commerce lui remettent une médaille d'or frappée à l'occasion de son passage à La Rochelle.

A Saint-Martin-de-Ré.

LE SECOND BANQUET

Ce soir, le conseil général de la Charente-Inférieure, qui s'est réuni aujourd'hui conformément à la loi, offre le second banquet de la journée au Président de la République, dans la salle de l'Oratoire, une ancienne chapelle désaffectée.

Au toast que lui porte le président du conseil général, M. le comte Lemercier, le Président de la République répond par une heureuse improvisation. Il dit entre autres choses :

J'ai constaté non seulement dans votre département mais dans les départements que je viens de visiter un grand désir de concorde et d'union.

Vous venez de prouver une fois de plus que, pour les intérêts départementaux, l'accord et l'union sont choses faites. Laissez-moi vous demander, en raison des grands intérêts dont vous venez de parler que cet accord et cette union subsistent après le passage du chef de l'Etat. Tous nous avons en vue la force et la grandeur du pays. Ce que vous faites pour les intérêts départementaux, je vous demande de le faire pour la France.

Je bois à l'union de tous les bons citoyens dans la République. (*Applaudissements.*)

Un superbe feu d'artifice tiré sur le haut de la tour Saint-Nicolas termine brillamment la journée.

Fontenay-le-Comte. — Dans la cour de l'hôpital.

HUITIÈME JOURNÉE

Nous sommes debout ce matin à cinq heures avec la perspective de passer une partie de la journée et toute la nuit en chemin de fer ; c'est la dernière étape de notre beau voyage.

En huit jours, nous avons parcouru quatre départements, visité neuf villes importantes. On ne pourrait faire mieux, ni plus vite.

Les Rochelais nous accompagnent à la gare en manifestant une fois de plus leurs sentiments patriotiques par les cris répétés de : « Vive le Président ! » M. Félix Faure les a visiblement séduits et, jusqu'au départ du train, ils tiennent à le lui faire savoir.

Avant de monter en wagon, le chef de l'Etat remercie le maire de La Rochelle, le préfet et les fonctionnaires présents ; il exprime particulièrement sa satisfaction au contre-amiral de Courtilhe, commandant la 2ᵉ division de l'escadre du Nord, dont les beaux navires vont se disperser : le *Bouvines* et le *Jemmapes* iront à Quiberon, puis à Brest ; le *Dupuy-de-Lôme* et le *Salve* regagneront directement Cherbourg.

A FONTENAY-LE-COMTE

Dès notre arrivée à Fontenay, après les premiers saluts échangés, nous assistons à une cérémonie patriotique très imposante : c'est l'inauguration du monument élevé en souvenir des combattants de l'arrondissement morts en 1870-71.

Il se compose d'une pyramide de pierre surmontée d'une grenade posée sur quatre boulets. Une statue gracieuse de femme, dont le mouvement rappelle la célèbre figure modelée par Chapu pour le monument d'Henri Regnault, s'appuie sur le socle en soulevant de la main gauche une branche de laurier vers cette inscription : « Aux soldats morts pour la patrie 1870-71. »

L'auteur de ce morceau est M. Metivier, statuaire.

Le Président de la République, les ministres, les généraux et tous les invités prennent place sur une estrade décorée de drapeaux.

La *Marseillaise* retentit, les troupes présentent les armes, les drapeaux s'inclinent, le voile de la statue tombe et le monument nous apparaît pendant qu'un immense cri de « Vive la France ! » s'échappe de toutes les poitrines.

Le Président du comité d'initiative, M. Normand, au nom de ses anciens compagnons d'armes, et le maire de Fontenay,

Fontenay-le-Comte.
Dans la cour de l'hôpital.

M. Charier, prononcent tour à tour des paroles vibrantes qui sont très applaudies. Le Président de la République leur serre la main, puis il monte en voiture pour se rendre à l'hôpital.

Au cours de sa visite, il décore le docteur Mangou, médecin en chef de cet établissement, et remet une médaille d'honneur à la sœur supérieure, Mme Descubes.

Très acclamé, M. Félix Faure gagne ensuite l'hôtel de ville, où la municipalité lui offre un grand déjeuner.

Au dessert, répondant au maire, le Président de la République s'exprime ainsi :

> Vous pouvez être assuré, Monsieur le maire, que le trop court séjour fait à Fontenay me laissera un charmant souvenir. Tous les intérêts dont vous avez parlé et que vous qualifiez d'intérêts locaux sont respectables ; les membres du gouvernement qui m'accompagnent vous ont entendu et vous pouvez compter sur leur sollicitude.
>
> J'applaudis aux paroles que vous avez prononcées pour affirmer la foi républicaine de vos administrés, et, au moment de quitter la Vendée, je suis heureux de constater avec vous les progrès constants, permanents, de l'idée républicaine qui est l'idée de justice et de liberté. Vous comprenez fort bien comment ces institutions libérales se sont établies dans le pays et je sais que Fontenay est une des premières villes où l'opinion républicaine se soit affirmée avec autorité. Je me réjouis de la constance et de la fermeté de vos convictions.
>
> Je bois au progrès de l'idée républicaine dans la France entière.

Sur le passage du Président.

Nous quittons Fontenay à une heure de l'après-midi, une courte promenade à travers le dépôt de remonte précédant notre départ, pour arriver à Niort vers deux heures.

A NIORT

De Fontenay ici, le temps s'est gâté. C'est sous une averse soutenue, le fracas du tonnerre doublant les salves d'artillerie, que le Président fait son entrée à Niort. Malgré ce contre-temps, l'affluence dans les rues et sur les places est considérable, et jusqu'à la préfecture de nombreuses acclamations saluent le chef de l'État. La réception des autorités commence aussitôt avec le cérémonial habituel.

M. Goirand, en présentant l'assemblée départementale, a dit :

> Nos populations réclament plus d'esprit de suite, plus de fécondité dans l'œuvre législative, plus de sang-froid, plus de justice et moins de haine dans la lutte entre les partis ; mais profondément libérales, elles acceptent vaillamment la liberté avec ses inconvénients et ses périls, persuadées que quels que soient les abus qu'on commette en

son nom, elle seule peut exercer un contrôle efficace sur les actes des gouvernements et sur la moralité de notre vie politique.

Le Président de la République a répondu simplement qu'il était heureux que ces sentiments lui soient exprimés au nom du conseil général des Deux-Sèvres.

Ils correspondent à tous ceux qu'il a déjà recueillis pendant le long voyage qu'il vient d'accomplir.

Au cours des réceptions, M. Félix Faure donne la croix de la Légion d'honneur à M. Proust, vice-président du conseil général, la rosette de l'instruction publique à MM. le Desivre, médecin, et Delprat, économe du lycée, et plusieurs palmes.

La pose de la première pierre de l'hôtel de ville suit immédiatement les réceptions officielles. Malheureusement la pluie redouble et l'orage crève au beau milieu de la cérémonie. La place où celle-ci se déroule ressemble à un lac dans lequel des milliers de spectateurs prennent un bain de pieds collectif.

Fontenay-le-Comte. — Inauguration du monument. — Les discours.

Dans la tribune officielle nous ne sommes guère mieux partagés. Sur nos habits poussiéreux coulent les gouttières du velum et le Président lui-même reçoit stoïquement la douche.

M. Félix Faure, dans son landau toujours ouvert, visite l'hôpital, puis après avoir remis la décoration de la Légion d'honneur à M. le docteur Bellevoisin, conseiller général, assiste au banquet que lui offre le conseil municipal.

LE BANQUET

C'est dans le manège du quartier de cavalerie, superbement transformé en salle à manger pour cinq cents personnes, que le banquet est servi.

Au dessert, le Président de la République dit qu'il se trouve au milieu de populations réfléchies, sages, rai-

Fontenay-le-Comte. — Monument élevé à la mémoire des combattants de 1870-71.

sonnant, ne craignant aucune réforme, mais voulant des réformes mûrement étudiées, parce que celles-là seules sont durables.

Répondant aux vœux formés par le maire au sujet de l'exposition de 1900, M. Félix Faure dit que la France, que le monde entier songent à cette manifestation pacifique qui montrera ce que peut une démocratie laborieuse.

Il boit à l'avenir de la patrie française.

La soirée devait se terminer par un feu d'artifice, mais, en raison de l'orage de l'après-midi, il devient impossible de le tirer.

Le Président de la République se rend directement du manège à la gare, d'où il part à 10 heures pour Paris.

LE RETOUR

Le Président de la République est rentré à Paris le mercredi 28 avril, à 8 h. 25 du matin, par la gare Montparnasse.

Sur le quai de la gare se tenaient l'amiral Besnard, ministre de la marine, le général Billot, ministre de la guerre, MM. Mersey, chef du cabinet du président du conseil, représentant M. Méline, absent de Paris ; Crozier, directeur du protocole, Biondel, chef du secrétariat particulier du Président de la République ; Blan, directeur de la sûreté générale, Lépine, préfet de police, Lamirault, chef du secrétariat particulier du ministre de l'intérieur, etc.

M. Félix Faure a pris congé de MM. Barthou, ministre de l'intérieur, et Turrel, ministre des travaux publics, qui sont revenus avec lui à Paris.

Le chef de l'Etat, avant de quitter la gare, a tenu à remercier les représentants de l'administration des chemins de fer de l'Etat qui l'ont accompagné dans son voyage : MM. Metzger, directeur, Beaugey, chef de l'exploitation, Fumey, chef adjoint, Noision, inspecteur général du mouvement, Pollack, inspecteur. Il les félicite de la précision avec laquelle tous les services du réseau ont été assurés.

A Fontenay-le-Comte.

M. Félix Faure est arrivé à 9 heures à l'Elysée, dans un landau découvert, qu'escortait un escadron de cuirassiers.

* * *

Voici donc un nouveau voyage à l'actif du chef de l'Etat. En Vendée, comme en Bretagne et comme dans les autres parties de la France qu'il a déjà visitées, M. Félix Faure n'a pas eu seulement la satisfaction de se voir acclamer par les populations. Il a semé la bonne parole. Il a fait œuvre utile de concorde et de paix. Une fois de plus, il a réalisé autour de sa personne respectée de tous, l'union entre les bons Français, si nécessaire pour l'avenir de notre patrie et pour le rôle qu'elle doit désormais jouer dans le monde.

DOCUMENTS OFFICIELS

DISCOURS DE M. LE PRÉSIDENT DE LA RÉPUBLIQUE

AU MAIRE DE LA ROCHE-SUR-YON

Monsieur le Maire,

Vous savez avec quel empressement j'ai répondu à l'invitation qui m'était faite par les représentants de la population vendéenne de venir à la Roche-sur-Yon.

J'étais d'autant plus désireux de faire ce voyage, et de le faire en ce moment, que je voulais avec vous, avec vos concitoyens, assister à l'apothéose d'un des enfants de la Vendée qui est aussi une gloire nationale. Vous avez le droit de le revendiquer. Il était vendéen, mais il était aussi français. (*Applaudissements.*)

Vous avez marqué, en rappelant les armoiries de votre ville, que dans toutes les questions nationales, lorsqu'il s'agit de la patrie, les mains s'unissent, et lorsque les mains s'unissent, je dis qu'il n'y a qu'un cœur.

Je sais qu'il y a ici des souvenirs, mais je sais aussi que si le Vendéen est réservé, il étudie, il cherche à se rendre compte ; et je sais qu'on peut compter toujours sur son loyalisme et sur son patriotisme. (*Vifs applaudissements.*)

Le Président de la République est heureux de constater l'accord que vous avez signalé ; il espère que cette union subsistera et que, grâce à elle, nos espérances se réaliseront, car nous voulons la concorde de tous les citoyens dans une même pensée de force et de grandeur pour la France. (*Applaudissements.*)

Vous avez parlé des intérêts de votre département. Les ministres qui m'accompagnent vous ont entendu et le gouvernement de la République, qui a déjà tant fait pour les questions agricoles, ne laissera pas, soyez-en convaincus, son œuvre inachevée.

Je lève mon verre aux populations de la Vendée, je bois au département ! je bois à la Vendée! (*Applaudissements répétés.*)

AU BANQUET DE NANTES

Je vous remercie, Monsieur le Maire, des sentiments que vous avez traduits à l'intention personnelle du Président de la République et qui me touchent profondément.

Mais je suis plus heureux encore de vous entendre affirmer la foi républicaine de vos concitoyens. Bien que je n'aie jamais douté de la sincérité de leurs convictions, j'éprouve une vive satisfaction à en recueillir la nouvelle assurance d'un interprète aussi autorisé que vous.

La confiance généreuse avec laquelle vous attendez de la République l'application des réformes intéressant la démocratie est justifiée. La République poursuit avec passion l'amélioration de la condition des humbles, mais elle ne veut que des réformes sérieuses et pratiques, seules durables, ne froissant aucun des principes de justice et de liberté, dont elle est la plus haute expression et qui font sa force.

Nous inspirant de cette double préoccupation, nous devons considérer comme autant de progrès tous les moyens nouveaux de travail qui concourent au développement de la prospérité nationale et qui avec l'activité du commerce et de l'industrie augmentent le bien-être de tous.

La création du canal que je vais parcourir demain constitue un de ces réels progrès ; tout le monde, en effet, proclame aujourd'hui les avantages que les voies navigables intérieures procurent à l'industrie par les transports à bon marché des matières premières, car la navigabilité des rivières et des canaux permet de constituer certains éléments de trafic qui font des voies d'eau l'auxiliaire indispensable des chemins de fer et de la navigation maritime.

Nantes a déjà ressenti, dites-vous, et je m'en réjouis, les heureux effets de l'ouverture du canal qui relie notre ville à la mer. Personne plus que nous ne désire voir bientôt se réaliser le vœu que vous formez en faveur de l'exécution des travaux qui faciliteront la navigation fluviale en amont de votre port. Dès à présent cette question si intéressante est à l'étude ; elle fait l'objet de toute la sollicitude du gouvernement.

Plus les communications intérieures seront faciles et nombreuses, plus les relations se développeront, plus en même temps se confondront les intérêts locaux et les intérêts généraux du pays, formant ainsi un ensemble absolument compact où se propageront avec une chaleur et une force croissantes les émotions et les aspirations élevées pour tout ce qui touche à la richesse et à la grandeur de la patrie.

C'est dans ces sentiments qu'interprète de la nation, je lève mon verre en l'honneur de la démocratie nantaise et des laborieuses et patriotiques populations de la Loire-Inférieure.

AU BANQUET DE ROCHEFORT

M. Félix Faure rappelle d'abord, dans sa réponse, qu'il est venu à Rochefort il y a trois ans comme ministre de la marine et qu'il a examiné ce qu'on pouvait faire de Rochefort et de la Charente. Il a la satisfaction de constater que le gouvernement s'est inspiré des désirs des Rochefortais et que le gouvernement a voté les crédits nécessaires pour les premiers travaux d'approfondissement de la Charente, grâce d'ailleurs au concours très complet de la ville de Rochefort.

Dans notre pays soumis aux Chambres, pour l'augmentation de notre flotte, ajoute le Président, une part est réservée aux chantiers de Rochefort. Je ne veux pas préjuger les décisions du Parlement, mais je puis dire néanmoins que tout le monde en France est d'accord pour accroître l'importance de notre flotte nationale.

Le Président de la République fait connaître ensuite que le gouvernement a décidé d'ouvrir à nouveau dès le mois d'octobre de l'usine de conserves alimentaires.

Il termine ainsi : Tout le monde en France apprécie les services rendus par cette partie de notre armée à laquelle vous donnez l'hospitalité, tout le monde aime la marine et on sait l'affection particulière quelle inspire dans les ports.

Vous avez parlé tout à l'heure d'union, je pense que, en dehors de l'union politique à laquelle je convie dans la République tous les hommes de bonne volonté, il est une union qui doit être réalisée surtout ici, celle de la population laborieuse et de la marine nationale.

C'est dans cet esprit que je réunis ces deux éléments de la prospérité nationale, je bois à la ville de Rochefort et à la marine nationale.

AU BANQUET DE SAINTES

Messieurs, le seul désir de me trouver à Saintes au milieu des patriotes que j'étais certain d'y rencontrer m'aurait déterminé à m'arrêter dans votre ville au cours de ce voyage, mais l'attrait de notre rencontre s'est doublé pour moi quand j'ai appris que la réunion du congrès des mutualistes coïncidait avec la visite du chef de l'État dans la capitale de la Saintonge.

Vous ne l'ignorez pas, Messieurs, l'ami qui vous parle, celui qui doit à la confiance de ses collègues du Parlement d'être aujourd'hui le premier serviteur de la République, est un des vôtres.

Je me suis assis parmi vous comme à une table de famille où tout nous est commun : l'amour de l'initiative individuelle, le sentiment de la solidarité, la foi dans la fraternité.

Voilà, n'est-il pas vrai, l'esprit même de vos associations, la formule qui peut-être définit le mieux leurs nobles tendances, le but élevé vers lequel nous marchons la main dans la main.

Messieurs, il y a en France un trop grand nombre de citoyens qui n'apprécient pas encore la valeur de l'héritage de liberté et d'indépendance que nous ont légué nos pères. Ils voient dans l'État, dans ceux qui gouvernent, les dépositaires d'une puissance supérieure qui pourrait, du jour au lendemain, avec des paroles et des décrets, porter remède à toutes leurs souffrances.

Dans la mélancolie que cause parfois à ceux qui ont la charge du pouvoir ce trop naïf abandon de soi-même, le spectacle que vous, mutualistes, vous donnez à la France est une joie et un réconfort. Vos yeux se sont ouverts aux miracles que peut seule enfanter l'intelligente union des efforts de chacun.

Notre siècle, qui est si grand par les progrès scientifiques et industriels, ne peut être en même temps qu'un siècle d'évolution sociale.

Dans le mouvement qui entraîne l'humanité vers des améliorations incessantes, tous ne peuvent être favorisés dans la même mesure.

Votre honneur est d'avoir compris que dans cette évolution et au milieu des difficultés inséparables de la vie, vous devez avoir le souci de votre lendemain et assurer le sort de vos vétérans, de vos orphelins et de vos veuves.

Votre exemple est précieux ; il portera sa large moisson en montrant à la France républicaine tout ce qu'il y a de fécond dans le groupement des forces de ses enfants.

L'idéal si noble et si touchant de la mutualité a, d'ailleurs, dépassé depuis longtemps déjà le cercle de ceux qu'avaient réunis d'abord les préoccupations de l'avenir pour eux et pour leur famille.

Vous n'en êtes plus à compter les hommes aux sentiments généreux qu'elle a attirés dans vos associations et qui, plus nombreux chaque jour, viennent en qualité de membres honoraires, vous apporter le fraternel concours de leurs conseils et de leur appui.

Quel exemple, je vous le répète, quels enseignements nous en pouvons tirer ; quelles espérances en concevoir !

Messieurs, vous faites mieux qu'amasser un trésor sacré si l'on songe aux souffrances qu'il secourt et qu'il épargne. Vous travaillez à répandre le sentiment de la solidarité, vous faites comprendre que l'État n'est pas un père dont les fils peuvent, sans faillir à leur dignité, tout espérer et tout attendre.

Devant cette mission patriotique qui est la vôtre, la République se sent d'impérieux devoirs ; ces devoirs sont l'objet de la sollicitude constante comme ils sont la pensée la plus chère de celui qui vous parle, après avoir été la préoccupation de toute sa vie.

Nous avons parmi nos convives beaucoup de voyageurs de commerce ; je m'adresse également à eux ; qu'ils emportent aux quatre coins de la France le souvenir de cette réunion ; qu'ils disent à tous nos amis, aux fidèles comme aux hésitants, cette parole qui doit résumer les travaux du congrès mutualiste de Saintes : « Aidons-nous, l'État nous aidera. »

En levant mon verre en l'honneur de la mutualité et de la prévoyance, j'apporte ici mes vœux pour la prospérité et le développement de vos associations, et je salue en vous, mutualistes, la France unie et forte que nous voulons plus forte et plus grande encore par la fraternité.

Le discours du Président de la République est accueilli par des applaudissements enthousiastes. Les six cents personnes présentes au banquet (dont cinq cents souscripteurs) interrompent le chef de l'Etat à chaque phrase, par des bravos frénétiques.

VOYAGE DE M. LE PRÉSIDENT DE LA RÉPUBLIQUE EN VENDÉE

NOMS DES SOUSCRIPTEURS

Dr ANGEARD, conseiller général, Mareuil-sur-Lay.
Aviso-pilote *Elan*.
BEILLEVERT F., offic. d'adm.
BELLON Elie, négociant, St-Denis-la-Chavasse.
BIRET, maire de la Flotte.
BLEY, cons. munic., Luçon.
BODIN Th., St-André-d'Ornay.
BORION J., adj., Chaize-le-V.
BROCHET Régis, avocat, Fontenay-le-Comte.
BRÉMAUD, conseiller général, La Mothe-Achard.
BRUNET, inst., Les Herbiers.
BULTEAU, courtier, Luçon.
CHASSEREAU, à Pornic.
CONSTANTIN, au Coteau de Terre-Neuve.
Commandant POIDLOUE.
CROUAN F.
DELANGE, perc., Pouzanges.
DESHAYES, député, Luçon.
GANDRIAU, conseiller munic., Fontenay-le-Comte.
GARNIER, conseiller municipal de Chantenay-sur-Loire.
GENDREAU, conseiller général, Poiré-sur Vie.
GLÉNEREAU, Olonne.
KERR, pharm., à Vieillevigne.
KIOU Constant, Croix de Vié.
LEMERCIER, percep., Aizenay.
Le *Bouvines*.
Le *Dupuy-de-Lôme*.
Le *Jemmapes*.
Mairie de Saintes.
Mairie de Saint-Nazaire.
MANDIN, à Albertville.
Mme Guillaume Hamon.
MARCHEGAY Louis, député.
MARCHEGAY Pierre, Chantonnay.
MÉTÉREAU Xavier, à Luçon
PAGÈS, inspecteur d'académie.
PARION, cons. général, Tix.
POUMAILLOUX, nég., Mareuil.
Préfecture de la Loire-Inférieure.
SAUVESTRE E., maire de Rozé.
SOULLARD, conseiller général, Sainte-Hermine.
TRIGNAUD distill., Luçon.
Sous-préfet de Cognac.

Nantes

ABEL, représentant.
ANGEBAUD, propriétaire.
BARDET, propriétaire.
BACHON, négociant.
BIOISSEAU-DAYRES.
BOTTINEAU, négociant.
BRISSONNEAU aîné.
BRUNSCHVICG, avocat.
CAFIN.
CINQUALBRE.
DE FRANCE, commis.-voyer.
DELAFOY.
DOMERC, secrét. de rédaction au *Phare de la Loire*.
P. DUCHESNE.
DUPONT, secrétaire général de la mairie.
FINOT, représentant.
FLANDREAU, négociant.
GODFROY, direct. de la Société générale.
GRELLIER.
GRILLON, directeur de l'octroi.
GUIBRETEAU, représentant.
JAHAN, conseiller municipal
JUSTEAU, id.
LAIECK.
LECADRE, adjoint au maire.
LE GOFF, négociant.
LEMOINE, adjoint au maire.
LEPRIN.
LILLOT, pharmacien.
Léopold LUBLON, conducteur des ponts et chaussées.
Eugène MANSON, directeur du *Petit Éleveur*.
Hugues MANSON, cons. munic.
MASSART, négociant.
MAURICE, restaurateur.
MÉNARD, commissaire voyer.
J. MERLAN, juge suppléant.
MICHEL, ingénieur.
MONFORT.
PASCO, propriétaire.
POULAIN, adjoint au maire.
PRAUD, représentant.
RAGUIDEAU, huissier.
Mme RAUX, propriétaire.
RICHARD, négociant.
SCHWOB, directeur du *Phare de la Loire*.
SEGUIN, représentant.
J. SPORCK, avocat.
TALLENDEAU, direct. de l'école communale.
TALVA, négociant.
VUILLEMIN-DIDION, conseiller municipal.

La Roche-sur-Yon.

ALLAIRE, conseiller municipal.
ANGIBAULT, négociant.
BARBAUD, archiviste.
BERTHEREAU, pharmacien.
Bibliothèque de la ville.
BIGUET, profes. d'agriculture.
BIRAUD Émile.
BIRAUD Henri.
BLANCHAUD, cafetier.
BLÉ, conseiller municipal.
BOISSON, adjoint.
BONVALET aîné, négociant.
BOSQUE, hôtel du Lion-d'Or.
BOUDAUD, professeur.
BOURGOUIN, professeur.
CAZAC, proviseur du Lycée.
CHAILLOUX, secrétaire de la mairie.
CHEVILLON, hôtel Lion d'Or.
CHIRON A., carrossier.
DE JOLY, préfet de la Vendée.
DEPLAGNE, conseiller municipal.
DESIRY.
DION, conseiller municipal.
DION Emmanuel.
DION Frédéric.
DOUSSAINT, notaire.
DUBOIS, ancien notaire.
FEBVRE, propriétaire.
FEBVRE, conseiller municipal.
FILAUDEAU, conseil. municipal.
GABORIEAU, conseil. municipal.
GALIPAUD Alfred.
GALIPAUD, conseil. municipal.
GAUVRIT, conseil. municipal.
GENOT, conseiller municipal.
GENUER, adjoint.
G. GILLET, rédacteur en chef du *Libéral de la Vendée*.
GIRARD, conseiller municipal.
GIRAUD, juge d'instruction.
GOGUET, notaire.
GODET, conseiller général.
GUIBRETEAU, négociant.
GUILBAUD, conseil. municipal.
GUILLEMÉ, maire.
GUILLEPOT Paul, éleveur.
GUILLET, conseil municipal.
GUILLET Feneli.
GUILLON F., palef. des Haras.
HAMON L., rec., d'octroi, auteur du *Stud-Book vendéen*, direct. du *Petit Éleveur*.
JAGUIN, capitaine au 93e.
J. DE THÉLIN, direct. du Haras.
LABRAQUE-BORDENAVE, substitut.
LAFORÊT, cons. de préfecture.
LAMBERT Edmond, contrôleur des mines.
LAMBERT, professeur.
LE CHEVALLIER, conseiller de préfecture.
LEDAY, conseiller municipal.
LOQUET, architecte départ.
LOUIS, bibliothécaire.
MADELAINE, conseil. munic.
MANDIN, hôtel Chevillon.
Mme FEBVRE Auguste.
Mme RICHOU, à la gare.
NAULLEAU, conseil. municipal.
NICOLE, présid. du tribunal.
PANNETIER, capit. en retraite.
PÉAUD, président du conseil de préfecture.
PÉGARD, capitaine au 93e.
PERRODEAU, professeur.
PHELIPEAU, avoué.
POULAIN, professeur.
PRÉVOTEAU, ag.-voyer en chef.
RAVAUT, négociant.
RENAUD Zacharie, négociant.
SARTORIS, professeur du lycée.
SAUVAGET, juge suppléant.
SURVILLE, avoué.
TANDIL Amédée, éleveur, domaine des Oudairies.
TAVENEAU, conseil. municipal.
TINET, censeur du lycée.
TRIGAUX, ingénieur.
VERGER Maurice, éleveur.
VILLAULT-DUCHESNOIS, chef de cabinet du préfet.
VINET Aristide, négociant.

Les Sables-d'Olonne

APPERT-GALIPAUD.
BOURMAUD, prop. du Cercle du Progrès.
BOYET, hôtel des Étrangers.
BRUNET, président du tribunal.
Cercle du Progrès.
GERMAIN, avoué.
GODET, conseiller général.
HUBIN.
LAFARGUE, café de la Plage.
Le Maire et la Ville
MALE, grand hôtel de la Plage.
MAYEUX.
ROCHE-JOURDAIN.

Moulins. — Imp. Et. AUCLAIRE.

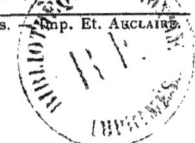

Moulins. — Imprimerie Etienne Auclaire.

www.ingramcontent.com/pod-product-compliance
Lightning Source LLC
Chambersburg PA
CBHW060644050426
42451CB00010B/1211